Maßlos Lieben

OM shri gam ganapataye namaha

Dem Wahren, Schönen & Guten gewidmet!
Für das, was diese Zeilen gerade liest!
Für das Eine, das Ungetrennte!
Für Gott! Für Dich! Für gesundes und kraftvolles Wachstum!
Für unsere Zukunft!

Unendlicher Dank gilt unseren Lehrern. Wir alle sind Zwerge auf den Schultern von Riesen. Unsere Ehrerbietung gilt besonders Andrew Cohen, Ken Wilber, Takorji und natürlich unserem Guru Sebastian und seiner Frau Fedelma.

1. Auflage April 2017

© 2017 Sebastian Gronbach

Projektleitung: **Tim Poneleit**

Unterstützt von: **Petra Lambert, Jelena Handtmann, David Sieverdingbeck und Heike Blume**

Lektorat: **Katharina Peters**

Illustrationen: **Anna Wiesemann**

Coverfoto: **Dietrich Skrock**

Herstellung und Verlag: **BoD – Books on Demand, Norderstedt**

ISBN: 978-3-743-18983-6

Vorwort

Die Texte in diesem Buch sind eine Sammlung von Sebastian Gronbachs Blogeinträgen auf Facebook und seiner Website, die die Themen Beziehungen, Maskulines, Feminines und Sexualität betreffen.

Legende

Um Dir das Verständnis während des Lesens zu erleichtern, möchten wir Dir gern die zwei folgenden Begriffe erklären:

Eros & Agape

„Was Du über die Liebe wissen solltest, ist deswegen so entscheidend, weil es etwas ist, was Du über Dich wissen solltest. Du kannst nämlich nicht außerhalb der Liebe stehen – einfach weil Du Liebe bist.

Du bist Liebe als EROS, als dieser vorwärts strebende Drang zur Befreiung, die unbändige Sehnsucht nach Erfüllung – dasjenige, was Dich von Moment zu Moment wachsen, gedeihen und blühen lässt: der evolutionäre Impuls, der die ganze Schöpfung hervorbringt – auch diesen Augenblick hier.

Und auch das bist Du: AGAPE. Unendliches Mitgefühl und Verbundenheit auf allen Ebenen. Was Deine Zellen verbindet, was Dich mit Deinen Liebsten verbindet, was Dich mit den entferntesten Galaxien verbindet, was Dich hält, trägt und eine Fürsorge von beachtlichem Ausmaß aus Deinem Herzen aufsteigen lässt, das ist die Liebe als AGAPE.

EROS ist der Pionier der Liebe und AGAPE ist der Samariter der Liebe und es ist Zeit, dass wir damit aufhören, den einen gegen den anderen auszuspielen. Die Welt braucht beide – die Welt braucht Dich. Lass also die Behauptung los, Du seist nicht liebenswert oder nicht fähig zu lieben: Du bist Liebe."

Leseanleitung

Hier ein Hinweis zum Lesen der Texte in diesem Buch von Sebastian Gronbach selbst:

„Auch meine eigenen spirituellen Schüler erleben diese simple Anweisung, die ich Dir hier schenke, als zentrales Portal zu immer tieferen Dimensionen des Erwachens.

Unser Verstand hasst und verachtet die Einfachheit und liebt alles Komplizierte – darum sagen wir, dass der Teufel im Detail steckt. Nur: Hier gibt es keine Details.

Dein Verstand wird 1001 Gründe suchen, warum mein Geschenk an Dich nicht der Schlüssel für wirkliche Befreiung und glückliche Erfüllung sein könnte: Aber es ist der Schlüssel. Dafür setze ich mein Leben ein. Vielleicht wird Dein Verstand sogar Gefahren wittern. Das ist Deine Sache. Nicht meine.

Schau, alles was Du brauchst, um in den ehrlichen und göttlichen Erfolg einzutauchen (während Du ganz entspannt meine kleinen Texte liest), ist totale Aufmerksamkeit. Hallo!

Das war es schon. Das war meine Anweisung. Mein Geschenk an Dich. Der Schlüssel heißt: Totale Aufmerksamkeit.

Gib mir eine Minute, um es zu erklären: Du und ich, wir leben in einer Welt, in der die heiligsten Wahrheiten neben den flachsten Sprüchen und abgründigsten Bosheiten aufleuchten – ohne Differenzierung erscheint alles auf genau dem Bildschirm, den Du gerade betrachtest.

Meine Worte jedoch sind die kostbarsten Perlen der Weisheit.

Jesus (und übrigens auch Krishna) warnen eindringlich davor, dass wir diese kostbarsten Perlen niemals vor die Säue werfen dürfen. Die Säue sind ein Symbol für halbherzige Aufmerksamkeit – ein Bild für den Verstand.

Diese halbherzige Aufmerksamkeit frisst die kostbarsten Perlen. Das Gegenteil von halbherziger Aufmerksamkeit ist totale Aufmerksamkeit. Totale Aufmerksamkeit ist radikale Akzeptanz, ist Hingabe und Präsenz. Es ist der Tod des Verstandes.

Totale Aufmerksamkeit ist erst dann totale Aufmerksamkeit, wenn es keine Re-Aktion mehr gibt. Kein Widerstand, kein Zurück, keine Wahlmöglichkeit. Totale Aufmerksamkeit ist pure Lebendigkeit.

Und DIES ist immer schon und heute noch der einzige Modus, in dem wir höchste Erkenntnisse und tiefste Wahrheiten empfangen können. Nur so werden wir von Gott befruchtet.

Es liegt wirklich völlig bei Dir und Du kannst ja machen, was Du willst, aber wenn Du in die Wahrheit eintauchen willst, wenn Du willst, dass Erleuchtung Dich entflammt und Du glücklich bist, dann folge dieser einfachen Anweisung:

Lies meine Worte. Lies sie so, dass Du eine leere Seite bist, die beschrieben wird. Lehne Dich zurück und bringe ihnen totale Aufmerksamkeit entgegen. Kommentiere sie nie. Reagiere nicht einmal mit einem Dank. Like die Worte, BEVOR Du sie liest. Und verweile beim Lesen dann im unschuldigen Zustand von Hingabe, Präsenz und Offenheit.

Bleib so. Tag für Tag. Schau, was passiert.

Kein Scheiß! Nur Liebe. Ich kann nicht anders.
Und Du auch nicht.

Dein Sebastian"

Maßlos Lieben

Tief, offen & erwacht: göttliche Beziehungen

Das Maß der Angst mag groß sein.
Aber die Liebe ist maßlos.

*

Ja, es gibt tatsächlich so etwas wie „evolutionäre Erleuchtung".

In jedem Menschen fühlt es sich anders an, wenn Gott als Liebesimpuls in uns erwacht – ein Impuls, der so sehr an der Zukunft interessiert ist und Dich dafür braucht!

Vielleicht kann man etwas differenzieren, wie genau es sich anfühlt – zum Beispiel in einer Frau oder einem Mann.

Schau doch mal:

In der Frau fühlt es sich in Reinform wie Hingabe an, wie das Erwachen zum Feuer der Sehnsucht. Es fühlt sich in etwa an wie ein tiefer Genuss sich über den Widerstand hinaus öffnen, durchdringen und noch tiefer öffnen zu lassen.

Ein Weichwerden, ein machtvoll-zärtliches, Überwältigt- und gleichzeitig Gehaltenwerden. Ein Darbieten des tiefsten Punktes zur Befruchtung – ein Sterben zum Aufblühen in die höchste Blüte.

Die Frau erreicht ihre wahre spirituelle Kraft, wenn sie diesem göttlichen Impuls ungefähr diese Haltung entgegenbringt: „Mach mit mir, was Du willst. Ich bin Liebe."

Im Mann fühlt es sich in Reinform wie Bereitschaft an. Es fühlt sich in etwa an wie ein zu allen Taten Bereitsein.

Eine aufrichtige, furchtlose und alle Ausreden vernichtende Haltung, die von einer frischen Entspanntheit getragen wird.

Es fühlt sich an wie das innere Aufstehen zu einem Potential, welches sich lustvoll in das Chaos des Lebens stürzt, um aus offenem Herzen allen Wesen Weisheit, Fürsorge und Befreiung zu bringen.

Es fühlt sich an wie ein unwiderstehliches Lächeln, wenn wir uns Schulter an Schulter vereinen, um der Zukunft das Beste entgegenzubringen und wir lieber für etwas sterben würden, als für nichts zu leben.

Der Mann erreicht seine wahre spirituelle Kraft, wenn er fühlen kann: „Ich tue für Dich, was Du willst. Ich repräsentiere Freiheit."

BEIDES führt zu einer inneren Lebendigkeit, die nicht getrennt von einem stillen Frieden ist.

*

Ein Mann drückt sich nicht. Auch nicht vor Gott. Wenn ein Mann das Leben meistern will, dann kann er das besonders gut, wenn er eine ruhige Autorität, liebevolle Sicherheit und eine humorvolle Gelassenheit ausstrahlt.

Diese natürlichen Gaben müssen stetig trainiert werden, sonst gehen sie im Wirrwarr und Heckmeck des Alltags unter.

Eines der besten Werkzeuge, um die gesunde Männlichkeit zu trainieren, ist das Gebet. Ein Mann, der ehrlich und demütig seine Ängste, Sorgen und auch Leistungen Gott zu Füßen legen kann, der wird mit einer umsichtigen Autorität gesegnet.

Ein Mann drückt sich nicht vor Gott, sondern geht in die Knie – und wird aufgerichtet.

*

An diesem Wochenende waren einige meiner weiblichen spirituellen Schülerinnen im Ashram.

Wir haben intensiv darüber meditiert, was „die Frau" und „das Weibliche" sind.

Wir haben gesehen, dass „die Frau" etwas ist, was durch Zeit und Erfahrung entstanden ist. Ihre Liebe ist abhängig von zahllosen Dingen, die sie beeinflussen. Etwas besteht darauf, dass Liebe sich nur unter bestimmten Bedingungen entfalten kann.

Und wir haben „das Weibliche" gesehen. Es ist nicht an Zeit und Erfahrung gebunden. Das Weibliche kann sich spontan und bedingungslos offenbaren. Es ist immer neu, unschuldig und ewig zugleich.

„Die Frau" ist von den Eltern gemacht, den Genen, der Erziehung, den Männern, Geschwistern, politischen Verhältnissen, sozialen Bedingungen und kulturellen Prägungen – die Frau ist in hohem Maße ein Wesen, welches aus Unbewusstheit kreiert wurde.

„Das Weibliche" ist ein liebendes, strömendes Durchqueren. Es vernichtet, ohne mit der Wimper zu zucken, jeden Dämon und bleibt dabei bis tief in die Muskulatur hinein entspannt.

„Die Frau" lebt aus Mangel.
„Das Weibliche" lebt aus Schenken.

Was schenkt das Weibliche?

Offenheit. Das Weibliche schenkt Offenheit.

Gott ist Offenheit.

*

Mann, bitte sage Dir selbst:

„Ich muss NICHT lernen, mich von ihren Gefühlen unabhängig zu machen. Ich muss vielmehr erkennen, dass ich immer schon frei von meinen Emotionen war – frei von der ganzen Welt. Weil ich die ganze Welt bin."

Bitte denke, fühle und handle „out of the box".

*

Meine Lehre setzt voraus, dass Frauen erst mal lernen müssen, mit Frauen klar zu kommen, bevor sie in die männlich-weibliche Welt eintauchen.
Bei „der Frau" gibt es da einen Punkt, der sehr bedenklich ist:
Sie kann (tendenziell) AGAPE entweder nur oberflächlich mit anderen Frauen leben ODER sobald sie AGAPE in der Tiefe fühlen will, landet sie im Schmerzkörper.
Stellt Euch vor: ein Frauentreffen OHNE persönlichen Schmerzkörper!?!?
Über was würden die Frauen reden? Was sollten

sie thematisieren? Sie sind es so gewohnt (unten links*) als Opfer und (oben links*) aus dem Schmerzkörper zu leben, dass sie zunächst in der TIEFE kaum Erfahrungen von weiblicher Verbundenheit haben, AUSSER der Verbundenheit zwischen individuellen und kollektiven Schmerzkörpern.
Was ich von ihnen verlange, ist Intimität, gerade aus AGAPE, aber Intimität zwischen IHNEN und nicht zwischen Schmerzkörpern.
(* Begriffe aus der Integralen Theorie).

*

Schüler:
„Mein Guru,
eine Frage, die ich schon lange bewege und auf die ich noch keine befriedigende Antwort gefunden habe: Wozu Beziehung? Wozu Partnerschaft?
Ken Wilber hat über seine Frau das wohl herzzerreißendste Buch geschrieben, das ich je gelesen habe, Andrew (Cohen) ist verheiratet und du bist es auch, Sebastian. Ihr habt euch alle irgendwann für EINE Frau/einen Menschen entschieden.
Wieso? Was ist die höchste Antwort, die höchste

Perspektive darauf?
Ich habe in den letzten Monaten einen Geschmack davon bekommen, wie es ist, Frauen frei und ohne Bedürftigkeit begegnen zu können. Ich habe mich verschenkt und jede dieser Frauen ein Stück geöffnet auf ihrem Weg der Hingabe.
Du, Sebastian, sagst, Liebe ist eine Entscheidung. Doch warum sollte ich mich für EINE entscheiden?
Wenn ich Frauen nicht nur als Individuum, sondern auch als Repräsentantin der Welt sehe, ist es ein Weg, mich ganz auf die Erde einzulassen? Nicht nur frei, sondern auch willig zu sein, freiwillig?

Danke für Alles"

Sebastian:
„Ich habe darauf seit einigen Tagen eine neue Antwort. Sie orientiert sich an dem, was Ken Wilber über Neo aus Matrix sagt. Er bezeichnet Neo als „evolutionären Archetypen", der zum ersten Mal EROS UND AGAPE verkörpere. Neo liebe eher typisch männlich-abstrakt die ganze Welt und vollziehe an ihr seine eindringliche EROS-Liebe, aber er liebe auch und genau so

intensiv seine Frau und lebe mit ihr in fürsorglicher AGAPE-Liebe.

Das strebe ich an."

*

Ich vergleiche jetzt mal Frauen mit Hunden – und werde Dir zeigen, dass dies (bei aller Unvergleichbarkeit) echt Sinn macht.
Du wirst dadurch einfach, aber besser sehen, dass viele Männer immer denselben Fehler machen.

Während Männer anderen Männern das durchgehen lassen, weil sie sich gegenseitig schonen, sind Frauen und Hunde einfach nicht bereit, die wahre Natur zu verleugnen.

Schau mal: Entweder haben Männer keine Beziehung zu ihrem maskulinen Kraftzentrum und eiern herum. Sie wissen nicht, wer sie sind, warum sie da sind und was ihre tiefste Essenz ist. So taumeln sie herum.

Ohne Autorität, ohne Bezug zum Sinn des Lebens und ohne das auszustrahlen, was das Erwecken der maskulinen Präsenz ganz natürlich mit sich bringt: Sicherheit, die allen erlaubt sich zu entspannen.

Oder sie verhalten sich machohaft und strahlen eine plumpe und kindisch-gierig ausgerichtete Sexualität aus.

Kein intuitives Wesen kann damit etwas anfangen und fühlt sich ungesund verunsichert.

Besser wäre es, eine starke männliche Essenz auszustrahlen, die auch sexuell wirken kann, die aber nicht auf Sex fixiert, sondern grundsätzlich ist.

Diese Energie IST einfach.

Wesen, die im Einklang mit ihrer natürlich-göttlichen Intuition sind (wie Hunde oder feminine Frauen) werden darauf zutiefst positiv reagieren: Entspannt & offen bieten sie Dir ihre natürliche Freude an.

*

Wir können allmählich verstehen, dass ein Mann sensibel sein kann, ohne ein Sensibelchen sein zu müssen. Wir dürfen lernen, dass die Friedfertigkeit, der Sanftmut und das weite Herz

eines Mannes kein Ersatz für maskuline Stärke,
Kraft und ultimativ positive Aggression sind.

*

Männer sind interessante Wesen. Wenn sie einen
Fehler gemacht haben, versuchen die meisten von
ihnen diesen Fehler zu verheimlichen – wie
damals bei „Mutti". Damit „Mutti" nicht böse
wird.

Nie bietet ein Mann mehr Intelligenz auf, als
dann, wenn er versucht, sich herauszureden. Wenn
nur seine Fehltritte, den Bockmist, den er gebaut
hat oder das Versagen, was sich offensichtlich
zeigt, nicht bemerkt werden. Ein Mann fängt in
der Regel dann an zu streiten, wenn er merkt, dass
er einen Fehler gemacht hat.

Nicht wenige Männer verraten ihre höchsten
Ideale, um zu verbergen, dass sie versagt haben.
Und weil die „Mutti" natürlich längst eine innere
Stimme geworden ist, müssen sie ihr Versagen
auch in ihrem Inneren so verbergen, dass sie es
nicht bemerkt: Sie legen falsche Spuren, werden
wahlweise laut oder säuseln komplizierte aber
nette Erklärungen – immer in der Hoffnung, dass

die elterliche Stimme ihnen nicht auf die Schliche kommt.

Die Stimme der inneren Mutter ist für einen Mann deswegen so entscheidend, weil sie „das Leben" repräsentiert. Vor der Strafe des Vaters fürchtet sich der „innere Junge" vielleicht, aber er wird daran nicht kaputt gehen – aber die Mutter kann ihn von „dem Leben" trennen.

Natürlich gibt es auch immer fürchterliche Konflikte zwischen Mutter und Tochter, aber archetypisch gesehen steht es immer 1:1 zwischen ihnen. Oft sind die Kriege zwischen Tochter und Mutter deswegen so langwierig und hart, weil das Mädchen fühlt, dass sie (als Urbild) selber „Trägerin des Lebens" ist und deswegen von der Mutter nicht „vom Leben" getrennt werden kann.

Der Mann – der in diesem Kindheitsmuster steckt – muss dagegen alles tun, damit sein Versagen von der „inneren Mutter" nie entdeckt wird. Er klammert sich an die eigene Frau und Familie, verweiblicht, bleibt emotional pubertär; er versucht so viel Fülle (in Form von Macht, körperlichen Rundungen, Krankheit und Erfolg) anzusammeln, dass er drohenden Entzug von Leben & Liebe kompensieren kann.

Natürlich ist das alles vergeblich. Und wir Männer wissen das.

Spirituell kann dieses archetypische Dilemma durch drei Dinge aufgehoben werden: Erstens durch die Verbindung mit unserer wahren Mutter: Mit Mutter Erde – mit Mutter Natur. Zweitens durch die Befreiung zur eigenen, geistigen Unsterblichkeit: Die Befreiung zu dem göttlich-väterlichen Daseinsgrund, in dem selbst Mutter Erde aufgehoben ist. Und drittens dadurch, dass Männer ihre „Eier" von „Mutti" zurückholen.

Die Erfahrung zeigt, dass dies alles möglich ist, wenn Männer mit Männern für einen Moment die Stärke aufbringen, wirklich ehrlich zu sein und wenn sie das alles nicht nur denken, sondern durch eine spirituelle Lebenspraxis verkörpern.

Dann können wir damit beginnen, unsere Eltern wieder in erwachsener Weise ins Herz zu schließen. Wir können diese alten Muster tatsächlich überwinden – für uns persönlich und zum Wohle aller.

*

Viele Paare denken, ihre Beziehung sei von wilden Zeiten, Stürmen und Gewittern bedroht. Aber das stimmt meist nicht. Die größere Bedrohung ist, dass sie kein großes und gemeinsames Ziel haben. Je größer das Ziel, desto leichter ist es, dieses Ziel im Auge zu behalten – auch im Nebel oder Sturm. Manche Paare hält ein Hund zusammen – aber ein Hund ist nicht sehr groß. Andere denken, die Kinder sind der Sinn ihrer Beziehung – aber Kinder gehen aus dem Haus. Und manche meinen, das gemeinsame Haus wäre also das Ziel – aber ein Haus ist tot und so sterben viele Beziehungen, weil ein Haus das Ziel ist. Wenn Paare vollkommene Harmonie im Ziel ihrer Reise haben, dann sind Stürme zwischen ihnen nichts, was sie aufhält. Ihre Beziehung ist nicht „der Hafen der Ehe", sondern das wilde Meer und Intensität, Gefahr und Unruhe sind ihre Begleiter. Und das alles hat einfach keine wirkliche Bedeutung, weil ihr Ziel alles überragt. Und das alles überragende Ziel ist die Einheit mit Gott. Und Gott können sie unmöglich aus dem Auge verlieren – weil er dasjenige ist, was aus ihren Augen schaut. Und ihr Lachen, das sie dem Sturm entgegenschleudern, ist nicht lauter als der Sturm – es ist der Sturm. Und das Salz der Tränen ist nicht getrennt von Gischt auf nackter Haut. Ahoi!

*

Natürlich kannst Du mit Deinem Verstand und dem ganzen Habitus des modernen Menschen gegen den folgenden Satz aufbegehren, ihn relativieren oder kritisieren. Nun, auf einer Ebene, die Deine Kritik nicht erreicht, ist er dennoch wahr:

Über 90 Prozent sämtlicher negativer Gefühle einer Frau bewegen sie nur aus einem Grund: Weil sie sich nicht tief genug geliebt fühlt.

*

Wie schaffst Du es, ein Mann der Tat zu sein, der vollkommen aktiv in der Welt ist, sein Bestmögliches erreicht und der gleichzeitig ein rein spirituelles Leben führt und sich nicht vom Weltlichen einfangen und fesseln lässt?

Nun, das ist wirklich sehr einfach:

Mache Gott zu Deinem Weg. Widme jede Tat nur und immer nur Gott. Diene und opfere jedes Wort, jede Tat, jeden Sieg nur Gott.

So erreichst Du jederzeit Vollkommenheit.

*

Eine brüderliche Ansage an Dich, Mann: Was ein authentischer Guru von Dir fordert, ist exakt das, was eine Frau an Dir schätzt – was Dich für sie nahezu unwiderstehlich macht.

Präsenz.

Und das beharrliche und lächerliche Festhalten an Nichtpräsenz, das mag sowohl der Grund dafür sein, dass Du grundsätzlich einen Guru ablehnst, als auch der Grund dafür, dass Frauen Dir nicht ihre tiefste Liebessehnsucht darbieten.

Die Stabilität Deiner Präsenz, Deine ungeteilte Aufmerksamkeit und Ehrfurcht, sind Dinge, die ein authentischer Guru in Dir weckt.

Es sind dieselben Dinge an Dir, die eine Frau dazu bringen, Dir ihr offenes Liebeslicht entgegen zu halten.

Der authentische Guru gibt Deiner Nichtpräsenz keine Macht – so gelangst Du zu wahrer Stärke.

Wenn Du ganz nah bei Deinem Guru stehst – wenn ihr wie ein Mann seid – dann hast Du die Freiheit errungen, die ganz automatisch alles Lebendige anziehen wird.

*

An den spirituellen Mann!

(Und an die spirituelle Frau, die durch die Art, wie sie sich atmend für die göttliche Liebe öffnen lässt, den spirituellen Mann mit erschafft).

Es gibt eine vollkommene Macht – und diese Macht ist rein und edel.
Sie erzeugt kein Karma.
Arbeite intensiv und eindringlich für diese Erde – zum Wohle aller Wesen. Und sei dabei losgelöst und frei von Sorgen um die Resultate und Früchte dieser Arbeit.

Durch diese Kombination aus intensiver Arbeit und der Losgelöstheit von den Resultaten und Früchten streifst Du die unvermeidlichen Wirkungen Deiner Handlungen von Dir ab.

Du streifst die positiven und negativen Wirkungen ab – was bleibt ist Freiheit.
Du verwirklichst also einfach, was in Dir liegt, und musst Dich nicht mehr fragen, ob Du gut dabei warst.
Mit anderen Worten: Du erreichst Deine Ziele, aber entledigst Dich des Karmas, bevor es

entsteht.
Und alles das erreichst Du, indem Du Dein Herz immer an erster Stelle mit Gott vereinst.

Dann erst – in dieser Vereinigung mit Gott – beginne Deine weltlichen Ziele zu verwirklichen. Das Höchste immer zuerst.
Du wirst immer frei sein. Und intensiv.
Das ist die vollkommene Macht: Tief in der Welt zu sein und ganz frei von ihr.

*

Schüler:
Inwiefern erschafft die spirituelle Frau den spirituellen Mann?

Sebastian:
Der spirituelle Mann erschafft die spirituelle Frau mit, in dem er ihre Liebesfähigkeit spürt. Wenn ein Mann einer Frau seine tiefe Bewusstheit und Präsenz spüren lässt, wird sie dies als ein liebevolles Kommando fühlen, ihre Göttlichkeit darzubieten – weil sie ihm vertraut.

Und umgekehrt erschafft die spirituelle Frau den spirituellen Mann eben dadurch, dass sie es immer wieder wagt ihr empfängliches Herz so darzubieten, dass sie seine göttliche Präsenz und stabile Aufrichtigkeit herausfordert.

Sie erschafft den spirituellen Mann dadurch, dass sie davon absieht sich wie eine Diva oder ein kleines Mädchen zu benehmen. Stattdessen wird sie lernen, ihre Göttlichkeit offen zu halten, die seine potentielle Bewusstseinstiefe verehrt.
So erschafft sie die Realisierung dieser Bewusstseinstiefe mit.

Eine spirituelle Frau erschafft einen spirituellen Mann, wenn sie lernt, alle ihre Emotionen spontan und aufgeschlossen auszudrücken, anstatt dies in verschlossener Weise zu tun und ihn und andere für ihre Emotionen verantwortlich zu machen. Sie akzeptiert JEDE Emotion als Welle, Wolke oder energetischen Sturm – und bleibt bei sich.

Und das wird ihn ebenso spontan dahin bringen, den saugenden Jungen in sich loszulassen und sein lächerliches Desinteresse am Erwachen aufzugeben.

Sein authentisches Interesse am Erwachen ist auch eine Folge ihres Geschenkes: Sie zeigt ihm immer und überall, wie sehr seine Herzenstiefe in sie eindringt – oder eben auch nicht. Sie wird sich letztlich nie mit weniger zufrieden geben als seinem Erwachen – und DAS ist seine ultimative Herausforderung.

Und, naja, Männer lieben Herausforderungen.

...und weil ich gerade gefragt werde, was „das Höchste zuerst" denn ganz praktisch bedeutet?

Gerade zum Beispiel koche ich Kaffee. Aber bevor „ich mir was nehme", „gebe ich ihm" etwas: Unserem Ganesha in der Küche.

Den ersten Bissen, den ersten Schluck solltest Du immer zuerst Gott widmen. Diese einfache Praxis wird Dein Handeln intensivieren und Dich befreien.

*

Ich habe nichts gegen Motivationstrainer, die uns so viel Selbstsicherheit geben, dass wir über ein paar Meter über glühende Kohlen laufen können. Auch eine Esoterikmesse mit Engelskontakten ist in Ordnung. Wirklich: Das ist alles berechtigt.

Ich bin vielleicht ein einfacher Mensch, aber ich stelle mir manchmal vor, was auf meinem Grabstein steht: „Hier liegt ein Mann, der mal vier Meter über glühende Kohlen gerannt ist." Oder: „Hier ruht der Mann, der schon zu Lebzeiten einen Engel gechannelt hat." Von mir auch wundervoll zu wissen, dass wir „göttlich" sind. Aber meine Arbeit dient Menschen, auf deren Grabstein simple Sachen stehen werden. So was zum Beispiel:

„Hier ruht jemand, der sich zum Werkzeug Gottes schmieden ließ. Er brachte Glauben, wo Zweifel drohte. Er brachte Hoffnung, wo Verzweiflung quälte. Er machte in der Dunkelheit das Licht an. Er gierte nicht nach Anerkennung und Liebe, sondern anerkannte und liebte. Er bestand nicht auf Trost, sondern tröstete. Indem er sich selbst verlor, erkannte er sich. Indem er sich hingab, empfing er. Indem er starb, erwachte er. Er war einfach da und tat das Richtige."

Ich gebe zu: Diese Form der Spiritualität lässt sich nicht mit Weichzeichner nachmalen. Und ich habe auch keine moderne Methode, deren Lizenz ich Dir verkaufen kann. Meine Methode ist die Wahrheit. Ich habe noch nicht mal die Liebe. Nur ich bin da – und Du. Und wenn wir dann wach sind, dann bricht genau dort die Liebe ein. Und dann ist sehr viel möglich. Wenn nicht sogar ... alles.

*

Die Vorstellungen, dass Paare sich in einer Ehe lieben müssen, ist ja bekanntlich erst eine neuere Entwicklung unserer Zeit. Also ich finde sie wundervoll und auch wenn es verrückt erscheint, gebe ich mich für diese monogame Liebe hin.

Aber natürlich setzt dieses romantische Ideal auch viele Menschen unter Druck. Und als wäre das nicht schon genug, soll eine Beziehung nun auch noch der spirituellen Entwicklung dienen, Motor für Transformation und Heilung sein und natürlich reicht da die romantische Liebe auch nicht mehr – der karmische Seelenpartner muss es nun sein.

Ganz ehrlich: So wahr das alles sein kann – es ist für fast alle Beziehungen eine Überforderung und oftmals einfach eine narzisstische Übertreibung.

Es ist ok, wenn wir uns in Beziehungen gegenseitig die Wunden verbinden. Aber meine Arbeit soll auch jenen Männern dienen, die sich

selbst mal als Geschenk anbieten wollen, was
immer wieder gerne ausgepackt wird.

*

Schüler:
Lieber Sebastian, Buddha, Osho und Andrew
Cohen sagen, dass es für die Befreiung
unabdingbar ist, die Sexualität loszulassen. Sie zu
überwinden. Wie ist Deine Sicht dazu?
Und wie überwindet oder transformiert man
Sexualität?

Danke.

Sebastian:
Ja, es ist unabdingbar loszulassen. Aber nicht in
erster Linie dieses oder jenes „Thema" (Sexualität,
Geld, Essen, Mantrensingen usw.), sondern „sich
selbst".

Die Anhaftungen lösen sich in dem Moment,
wenn wir erkennen, dass sie nicht da sind. Bitte
versucht zu sehen, dass nicht Sex, Liebeskummer
oder sonst ein „Thema" Euch fesselt – was Euch
fesselt, ist das Bedürfnis gefesselt zu sein. Weil
dadurch eine Art Reibung (Leid) entsteht und

Euer Ego sich dadurch fühlen kann und einen festen Bezugspunkt bekommt.

Erwachen bedeutet diesen festen Bezugspunkt zu verlieren. Sex ist vielleicht das stärkste „Programm", welches uns immer wieder ins Leiden führt. Stell Dir vor, Sex würde nie, nie, nie zu irgendwelchen leidvollen Geschichten führen – Sex wäre wie atmen: Kein Problem. Aber wenn wir nicht gerade schönen Sex praktizieren, ist Sex immer mit Leiden verbunden:

„Ich will – sie nicht."

„Ich will nicht – er will."

„Sie will jetzt – ich später."

„So nicht – bitte so."

„Mehr das – weniger das."

„Das turnt mich an – das turnt mich ab."

„Sie hat Sex mit einem anderen??? – Wuaaa!"

„Er hat Sex mit Pornos – Wuuuaaa!"

„Ich hab Lust – bin aber solo."

„Ich will Sex mit dem – nicht mit dem – aber der geht nicht."

„Ich will diese Art von Sex – oh mein Gott...ich bin ja pervers."

„Meine Sex-Fantasien sind einfach nur brutal – bin ich krank?"

„Ich könnte schon wieder – aber mal lieber mit einer anderen."
„Ich will nur SIE – sie will aber auch andere."
„Ich will Sex. Alle anderen auch. Keiner traut sich." ☺

Ich will damit sagen:
Sex ist nie ein Problem. Aber unser Ego benutzt Sex als kraftvollstes Mittel, um sich selber einen festen Standpunkt zu sichern – gerade deswegen, weil Sex im selben Moment das vielleicht kraftvollste Mittel ist, um gerade diesen Standpunkt zu verlieren – und somit sich selbst.

*

Was wir Männer verstehen müssen, wenn wir mit Frauen glücklich sein wollen: Es geht nicht darum, dass wir Frauen reparieren. Es geht nicht darum, dass wir klüger analysieren – es geht darum, tiefer zu lieben und standhaft da zu sein. Aber was Frauen und Männer bei allen diesen wahren und wichtigen Dingen oft verlernt haben? Miteinander und auch übereinander herzhaft zu lachen. Kaum etwas befreit mehr als diese liebevolle Herausforderung.

*

Es gibt eine Regel für Männer – sie gilt nicht 1:1 für Frauen, aber bis zu einem gewissen Grad doch. Sie lautet: „Traue keinem Mann, der geizig mit dem Geld ist, denn er ist auch geizig in der Liebe. Wenn er sein Portemonnaie zuhält, hält er auch sein Herz zu."

*

„Für gewöhnlich sind sexuelle und romantische Beziehungen der Bereich des Status Quo.

Warum?

Weil wir hier biologisch und kulturell dazu konditioniert sind, Geborgenheit, Bequemlichkeit und Sicherheit zu schaffen. Demnach ist es für diejenigen von uns, die bewusste Evolutionäre sind und deren höchstes Streben auf das Erschaffen der Zukunft ausgerichtet ist, in diesem Lebensbereich das Ziel, dass unsere Beziehung nie der Platz wird, an dem der persönliche und kulturelle Status Quo, den wir transzendieren wollen, geschützt wird. Sie sollte nie ein

Zufluchtsort für das Alte sein. Und das ist eine äußerst radikale Wandlung."

Andrew Cohen

*

Durch alle Kulturen hindurch waren die Gleichzeitigkeit von Herz und Rückgrat die Merkmale der maskulinen Anziehungskraft. Einseitigkeit ließ den Mann entweder verhärten oder verweichlichen. Und obwohl diese ungesunden Verwirrungen so einfach zu verstehen sind, haben sowohl unsere Großväter als auch unsere Väter unter diesen jeweiligen Einseitigkeiten gelitten – und somit auch unsere Frauen und Kinder und wir selbst.

Es braucht Orte, wo Männer mit Männern unter sich sind und dabei weder in Macho-Muster noch stromlinienförmige Softies zurückfallen. Viele Männer denken, dass sie dies in ihren Beziehungen überfordert. Aber das ist Quatsch. Deine Beziehungen glücken, wenn Du an Deiner Befreiung mehr Interesse hast als an Deinen Beziehungen. Erleuchtung bedeutet in diesem Kontext: Verwirkliche die Quelle Deiner Anziehungskraft.

So strahlst Du nichts Übergriffiges oder Eitles aus.
Du wirst Vertrauen & Sicherheit ausstrahlen.
Nicht weil Du nett oder machomäßig bist,
sondern weil Du beides fühlst: Herz & Rückgrat.

*

„Mit Frauen schlafen ist nicht der heilige Gral der Männlichkeit. Es gehört dazu. Du hast es verdient, das zu haben. Aber es ist nicht alles.

Schau Dir die Geschichte unserer Zivilisation an. Wer sind die Männer, die die Gesellschaft voran gebracht haben? Wer sind die Männer, um die die Welt trauert, wenn sie von uns gehen?

Es sind nicht die Casanovas.

Sondern das sind die Männer, die etwas verändert haben in der Welt. Die die Welt an irgendeinem Zipfel und in irgendeiner Nische besser und schöner und lebenswerter gemacht haben. Männer also, die ihre Talente entdeckt haben und ihren eigenen Beitrag zur Menschheit beigesteuert haben.

Und das ist leider genau der Teil, zu dem die „Checker" nie kommen im Leben. Ihr ganzes

Leben dreht sich um die nächste Frau. Sie sind Sklaven der Frauen. Sie denken zwar, sie beherrschen Frauen und sie „gamen" Frauen. Aber sie sind Sklaven. Ihr ganzes Leben ist nichts weiter als ein Tanz um das „goldene Kalb": die Frau. Nicht diese eine Frau da drüben, wohl gemerkt, die man lieben und mit der man Kinder großziehen könnte. Nein, das reicht natürlich nicht. Sondern es geht immer um die Frau allgemein, um die Weiblichkeit dieser Welt. Und dafür ist jede einzelne Frau natürlich ungenügend. Nichts weiter als ein Appetizer, den man vernascht und der einen nur noch hungriger macht.

Genau wie Junkies machen sich solche Männer am Ende oft das Leben kaputt.

Sie sind genauso ausgesaugt, genauso entmachtet und genauso ihrer eigenen männlichen Schaffenskraft beraubt wie der „nette Kerl" von nebenan, der sich furchtbar minderwertig fühlt, weil er noch nie 'ne Freundin gehabt hat.

Der unglücklich Verliebte und der „Checker" sind sich eigentlich ziemlich gleich:

Bei beiden ist die Lebensenergie übermäßig an Frauen gebunden und an Bestätigung von Frauen.

Ich denke, das einzige, was gesund ist für einen Mann, ist Folgendes:

Krieg Dein Bedürfnis nach weiblicher Nähe und Intimität erfüllt und sobald dieser Teil in Ordnung gebracht ist, fang wieder an, Dein Leben zu leben.

Du tust der Welt etwas Gutes damit, wenn Du Deine Beziehungen zu Frauen in Ordnung bringst. Die Welt braucht Dich. Die Welt braucht Dich für all die anderen Dinge, die in Dir schlummern. Jene Dinge, zu denen Du kommen wirst, wenn Frauen nicht länger der „wunde Punkt" in Deinem Leben sind.

Frauen werden immer eine Rolle spielen in Deinem Leben. Aber sie sind nicht das, was Dir Deine Identität als Mann geben kann.

Du kannst kein Mann sein durch die Frauen dieser Welt. Du kannst nur ein Mann sein FÜR die Frauen dieser Welt –und für alle anderen Deiner Mitmenschen um Dich herum."

Leonard Baumgardt

*

Sex geht nie tiefer als Liebe und nie über Liebe hinaus. Liebe kann sich im Sex zeigen und ausdrücken – auf wunderschöne Weise. Aber Sex kann sich nicht in Liebe ausdrücken. Das geht einfach nicht.

Sex ist etwas, über das wir Fantasien haben können. Aber es ist unmöglich, über Liebe zu fantasieren. Das liegt daran, dass Liebe keine Vergangenheit oder Zukunft kennt – sie ist zeitlose Lebendigkeit. Sex jedoch speist sich aus vergangenen Erfahrungen und Emotionen (Kindheitsmuster) und heizt sich an den Zielen in der Zukunft auf (Orgasmus). Die Liebe aber kennt weder ein Vorspiel noch einen Hauptakt noch ein Nachspiel. Liebe ist ... einfach das.

Wann immer Du die Liebe als Verlangen, Begierde, Drang oder Trieb fühlst, ist es sexualisierte Liebe. Dagegen ist nichts zu sagen. Jedes Tier fühlt so und es ist gut – auch für uns Menschen. Aber es ist nicht die reine Liebe. Die reine Liebe ist frei.

Wenn Du also frei sein willst, suche & verwirkliche die reine Liebe. Und wenn ihr die Liebe findet & verwirklicht und dann Sex habt, dann ist es nicht mehr Sex, sondern ... einfach das.

*

Männer, die sich selbst auf entspannte und humorvolle Weise ehren und sich einer noblen Aufgabe verschrieben haben, bieten für viele Frauen eine besondere Chance. Ihre Männlichkeit gibt den Frauen die Möglichkeit, die maskuline Eigenart des Mannes, seine Schönheit, seine Kraft und seine ursprüngliche Freiheit zu spüren. So kann sich der Dorn in vielen Frauen lockern, der das Maskuline entwerten will, der darüber lästern möchte, es in den Dreck zu ziehen versucht und der bewirkt, dass sich manche Frauen als die bessere Hälfte der Spezies Mensch fühlen. Wir Männer öffnen so für einige Frauen die Gelegenheit, ihrem Bedürfnis nachzugehen, das Männliche auf natürliche Weise zu ehren. Es kann sein, dass eine Frau es dadurch tut, dass sie mit sofortiger Wirkung schön sein will. Wunderschön.

*

Was ist eigentlich spirituelles Wachstum?

Es ist vor allem die immer stärker werdende Fähigkeit in jeder Situation zu lieben – auch wenn der Himmel sich verdüstert. Es ist die wachsende Gabe, die Unendlichkeit jedes Augenblicks zu fühlen.

*

Ein Mann muss lernen, die Kraft & Weite des Augenblicks zu erfassen. Das verlangt viel Energie.

Wenn zu viel dieser Energie zappelig verspritzt wird, kann ein Mann sich verlieren: Er verliert seinen Humor, seine Ernsthaftigkeit, seine durchdringende Gedankenkraft und seinen Willen zu dienen. Statt Schlagfertigkeit und Direktheit werden sich Nervosität und Sarkasmus in seiner Seele ausbreiten. Wir Männer können unsere alten Gewohnheiten überwinden und einen Tiefgang und eine Freude entdecken, die weit entfernt von den kurzfristigen Süchten sind.

Dann entdecken wir eine Liebe, die so stark & sanft ist, dass wir enge und gepanzerte Herzen öffnen und weiten können, die ihre eigene Offenheit & Weite vergessen haben.

*

Wenn wir als Männer eine feminine Seele verstehen wollen, dann müssen wir lernen, in der vollkommenen Wahrheit des gegenwärtigen Augenblicks zu stehen, ohne Fluchtversuche.

Was bedeutet das?

Wenn der maskuline Teil unserer Seele spricht, dann meint er, was er sagt. Und zwar genau so, wie er es sagt. Was er heute sagt, gilt auch noch morgen. Ein Mann – ein Wort. Worte sind für das Maskuline Träger von Informationen. Sie stehen aufrecht und geradlinig da und sind im guten Sinne berechenbar und allgemeingültig. Darin liegt ein großer Segen – ein gewichtiger Teil unserer Welt ist auf dieser Zuverlässigkeit gebaut.

Die Worte des Femininen dagegen tragen Emotionen und bewegen sich auf pulsierenden Wellen. Es sind eher Wolkenformationen als Sachinformationen. Und wie Wolken können sie jetzt so und gleich wieder anders und im übernächsten Moment verschwunden sein. Jetzt scheint die Sonne. Und am Abend könnte ein Gewitter kommen – oder auch nicht. Lügen die Wolken, weil sie sich bewegen, verdichten, auflösen? Ist eine Welle unwahr, nur weil sie sich gerade noch in der Gischt aufbäumte und nun in ihr eigenes Tal zusammenstürzt?

Wenn wir Männer vor einer verzweifelten weiblichen Seele stehen, dann können wir uns an diesem Satz orientieren: „Es gibt keine lineare Kausalkette, die zum Kern des ´Problems´ führt. Es gibt kein Problem, nur einen Sturm, eine Brise, einen plötzlichen Wetterumschwung."

Wir müssen diese Seele nicht reparieren – nichts ist kaputt. Wir können nur da sein – ohne uns mit in den Strudel ziehen zu lassen.

Wir können innerlich zu unserer Frau sagen:

„Sorge Dich nicht um dieses Seelenwetter – aber bitte: Mache auch niemand anderen dafür verantwortlich. Die Schuld für Dein Unwohlsein jemand anderem in die Schuhe zu schieben, ist ein Kindheitsmuster und raubt Dir Deine intuitive Lebendigkeit. Schiebe nichts ab und übernimm Verantwortung für alles, was Du bist. Chaos ist in Ordnung. Es gibt keine Schuld. Es gibt nur Schönheit und Weite."

Wenn Du als Frau diesen Text liest, wirst Du wahrscheinlich fühlen können, dass Du immer und in jedem Moment bereit und fähig bist, auf eine göttliche Weise zu lieben und geliebt zu werden.

Oft sagen wir dann: Gilt das nicht auch für den Mann?

Nun, natürlich. Auch der Mann hat einen weiblichen Seelenanteil. Doch wir vergessen dabei auf sträfliche Weise unsere sonst so gepflegte ganzheitliche Sichtweise: Nämlich den Körper.

Der weibliche Körper strahlt etwas sehr Spezifisches aus, was der Mann in dieser Weise auch in der Seele, aber nicht mit dem ganzen Körper fühlen kann: Die tiefe Sehnsucht und Bereitschaft von der strahlenden und fordernden Liebeskraft durchdrungen und geöffnet zu werden. So wie die Gewitterwolken von der Präsenz eines klaren Sonnenstrahls durchdrungen werden und aller Widerstand abregnet oder schmilzt.

*

Hier mal eine der traurigen Nachrichten der neuen Zeit. Ich erzähle sie in Form einer wahren Geschichte. Ich habe eine Bekannte – spirituell offen und geerdet – und sie fährt ein paar Mal im Jahr nach Italien, um dort mit Männern zusammen zu sein, die noch den mutigen und robusten Charme eines klassischen Mannes verkörpern, die treffsichere Komplimente setzen, die Frau in die Entspannung führen und für jeden Spaß zu haben sind.

Die Frau genießt dieses Lebensgefühl, eine sinnliche Frau sein zu dürfen. Aber nach einer Woche reicht es ihr und sie muss zurück. Denn sie sehnt sich danach, was sie in Italien vermisst und nur in Deutschland bekommt: Den verwundbaren Mann, der bereit ist innerlich zu wachsen und der Achtsamkeit und die aufgeklärten Werte des modernen Mannes verkörpert. Jedoch fehlt ihm eben die unschuldige Wildheit – sowie die Bereitschaft im Zweifel für etwas (vielleicht sogar für sie) zu töten und zu sterben.

Meine Bekannte schämt sich für diese Gefühle, aber leugnen kann sie nichts davon. Und sie schämt sich, dass sie es in Italien nicht lange aushält, weil ihr das „neue Bewusstsein" der hiesigen Männer eben auch wichtig ist.

Diese Geschichte ist sicherlich etwas einseitig – auch wenn sie wahr ist. Ich finde die Geschichte deswegen traurig, weil es kein Einzelfall ist. Weil Frauen am meisten darunter leiden, wenn Männer den Sprung vom „alten Mann" zum „neuen

Mann" bei der Hälfte unterbrechen und irgendwo im Niemandsland abstürzen. Und die Geschichte ist auch deshalb traurig, weil die Männer es fast nie merken, aber die Frauen es fast immer merken.

Wir Männer profitieren von der neuen Sanftheit der Frau. Aber was bekommen die Frauen? Ok – wir sind jetzt auch sanft. Und nun? Wir Männer haben einfach so Raum im Kopf, in den wir gehen können und nichts von den Missständen um uns herum mitbekommen. Und wie verrückt ist das denn? Denn es ist ja gerade dieser Raum – des Friedens, der Freiheit und der uferlosen Seelenruhe und inneren Kraft –, den wir der weiblichen Welt anzubieten hätten. Aber die Krux ist, dass das Weibliche sich danach sehnt, nicht nur schweigend eingeladen zu sein, sondern in diesen Frieden geführt zu werden. „Noch schöner als offen zu sein", so sagt meine Bekannte, „ist es geöffnet zu werden. Sanft und unwiderstehlich."

Und das wiederum macht den Mann unsicher von zwei Seiten: „Werde ich das schaffen?" UND „Ist das denn überhaupt zeitgemäß?" Natürlich ist das alles eine Aufgabe für Männer UND Frauen. Aber in diesem Seminar biete ich Männern an, sich ihres ganzen Potentials bewusst zu werden. Es ist gut, dass wir alle alten Geschlechterrollen loslassen. Aber dann müssen wir das Weibliche und das Männliche wieder als etwas vollkommen Neutrales in uns auferstehen lassen. Und da beginnt dann erst Liebe – zum Wohle des Ganzen.

*

Die erleuchtende Erfahrung von Eins-Sein hat für unseren weiblichen und männliche Seelenanteil zwei unterschiedliche Auswirkungen:

Der maskuline Mann erkennt, dass es nichts außerhalb von ihm gibt und er deswegen auch von nichts bedroht werden kann – die Befreiung von seinen Ängsten ist eines der schönsten Geschenke, die ein Mann durch Erleuchtung erfährt.

Für die feminine Frau könnte man sagen, dass ihr die Einheitserfahrung das Geschenk der Fülle macht. Ihre bitteren Gefühle des Mangels werden erlöst, weil sie erkennt, dass sie eins mit der ganzen Schöpfung ist. Sie findet sich wieder in allem, was ist – und in allem, was nicht ist. Dieses „Baden in sich selbst" ist Erfüllung.

So ist die Einheitserfahrung für Frauen und Männer der Königsweg zu einem Leben, in dem sie sich selbst verlieren, um sich als die ganze Welt wiederzufinden.

*

Wenn uns jemand auf dem spirituellen Weg begegnet und von einem radikalen „JA" spricht, von einer absoluten Hingabe und davon, dass wir auch den letzten Sprung über die Klippe wagen müssen, dann kommt uns das vielleicht übertrieben vor. Es gibt jedoch eine Ebene, da zweifeln wir nie an dieser Radikalität: Sex.

Wenn Du eine Frau bist, dann wirst Du Dich nicht damit zufrieden geben, dass Dein Mann schlaff an Dir rumspielt. Du sehnst Dich danach, dass er tief und tiefer in Dich eindringt und Dich ganz öffnet – Du bietest ihm Dein verletzliches Herz dar und bittest, dass er es sanft-fordernd nimmt.

Als Mann weißt Du, dass es beim Sex tatsächlich darauf ankommt, in Deiner Aufrichtigkeit zu stehen und je kraftvoller, ausdauernder und unnachgiebiger Du Deine Geliebte forderst, desto befreiender wird Euer letzter Sprung über die Klippe in das Eine. Euer Atem, die Haut und alles weiß zutiefst: Orgasmus ist, wenn wir wirklich, wirklich bis zum Ende gehen – und einen Sprung weiter. Sex ist also eine Metapher für den spirituellen Weg. Die Metapher „Sex" hilft uns, in die Wirklichkeit Gottes zu kommen.

*

Wenn ein Mann sich auf den spirituellen Weg macht, dann bedeutet dies für ihn in erster Linie, dass er sich der Klarheit & der Wahrheit verpflichten muss. Und dies beginnt natürlich bei ihm selbst.

Er wird einen unbeugsamen Willen entdecken müssen, sich den eigenen Wahrheiten stellen zu wollen. Er wird lernen müssen, klare Signale zu geben und klare Taten zu vollziehen. In einer Welt des Weiblichen wird das immer eine enorme Herausforderung sein.

Aber die größte Herausforderung – in einer Welt des Weiblichen – ist etwas noch Größeres: Je umfassender, mutiger, verantwortlicher, stärker & empfindsamer der Mann seine heilige Bestimmung verwirklicht, desto mehr und mehr werden ihm die Frauen ihr Herz darbieten.

Und jetzt kommt die Herausforderung. Denn Frauen und Männer haben sich – aus verstehbaren Gründen – auf einen Waffenstillstand geeinigt: „Ich tu Dir nichts und Du tust mir nichts", sagen sie sich und dann nehmen sie sich in den Arm und wiegen sich ein wenig hin und her. Herz an Herz. Das ist schön. Aber auf Dauer ist es für beide Seiten unbefriedigend und unfruchtbar.

Wenn ein Mann sich auf den spirituellen Weg macht, wird er an diese Stelle kommen und die Herausforderung liegt jetzt zunächst darin, sich selbst einzugestehen, dass die Herz-an-Herz-Präsenz unbefriedigend ist. Er wird also die größte Herausforderung annehmen und in sich selbst eine körperlich spürbare Wachheit entdecken müssen, die sich zu einer alles durchdringenden, vertikalen Präsenz aufrichtet.

Er wird es wagen müssen, die weibliche Welt zu penetrieren, um zu dem göttlichen Pulsieren im innersten des Herzens vorzudringen.

Dann brechen beide ein. In Eins.

*

Wenn die Frau (das Feminine) ihren wahren Weg geht, dann wird es immer zwei Bewegungen in ihr geben – ihr ganzer weiblicher Körper ist durchwoben von diesen Bewegungen:

Da sind ein Widerstand & eine Verweigerung. Und immer wenn sie in diesem Widerstand & in dieser Verweigerung ist und handelt, fühlt sie körperlich einen Schmerz. Sie verletzt sich selbst, indem sie es sich verweigert zu lieben – denn sie ist Liebe.

Dieser Widerstand & diese Verweigerung sind einfach ein Mangel an Vertrauen. Und dieser Mangel an Vertrauen ist das Ergebnis von persönlicher & kollektiver Erfahrung des Weiblichen – doch alles, was wir erlernt haben, können wir auch wieder verlernen.

Umso mehr, da das Weibliche gleichzeitig über eine immense Kraftquelle verfügt, sich jederzeit von all diesen Erfahrungen zu lösen. Diese Kraftquelle ist eine übermächtige Sehnsucht, ganz offene weibliche Hingabe zu sein. Die Frau kann sich jederzeit zu dieser Sehnsucht bekennen – einfach, indem sie ihr Herz offen hält und nichts

mehr für sich zurückhalten will. Rückhaltlose
Hingabe ist eine ganz natürliche Bewegung des
Weiblichen.

Diese Kraft ist in der Lage, alles auf der Welt zu
verwandeln – in überfließende Liebe.

*

Wir Männer sind oft genervt von Frauen. Was uns
Männer im Kern nervt, das ist die einfache
Tatsache, dass Frauen uns nicht in Ruhe lassen.
Ihr nerviges Verhalten (Du weißt, was ich meine,
nicht wahr?) erinnert uns in Wahrheit nämlich an
etwas:

An das ursprüngliche Versprechen, welches wir
unserer Seele gegeben haben. Das Versprechen
nämlich, jetzt und hier auf dieser Erde zu sein, an
diesem Tag, mit dieser Frau, so, wie sie jetzt ist. In
diesem Augenblick, in diesem Augenblick, in
diesem Augenblick...

Die bloße Anwesenheit von Dir, Frau, erinnert
uns daran, dass es vollkommen egal ist, wie gut,
liebevoll und präsent wir gestern waren und wie
gleichgültig es ist, was wir für morgen und

nächstes Jahr versprechen.

Was alleine zählt, ist die Antwort auf die Frage: Bist Du jetzt wirklich da? Bist Du jetzt bereit, mich genauso anzunehmen, wie ich jetzt bin. Liebst Du mich jetzt?

Wir Männer flüchten dann oft wie kleine Jungs zu unseren Spielzeugen: Das kann unser Computer, das iPhone aber auch die Männergruppe und das Meditationskissen sein.

Früher war ich frustriert, wenn meine Frau immer wieder an meiner Liebe zu ihr zweifelte – bis ich verstand, dass es sie nicht interessierte, ob ich sie gestern liebte, oder ihr die Treue bis zum Tod geschworen hatte. Was sie wissen und fühlen wollte, war die Antwort auf die Frage, ob ich sie (sie ganz konkret) jetzt (jetzt ganz konkret) liebe (ganz konkret liebe).

Aber selbst das waren nur Brücken zu der eigentlichen Prüfungsfrage: Bist Du Dir selber treu, Mann? Fühlst Du noch den demütigen Stolz in Deiner Brust, weil Du erfolgreich Dein Versprechen hältst und Deiner Mission treu bist?

*

Wie wird der Mann von einer Frau geprüft?

Indem sie sich immer wieder und immer wieder verschließt.

Und wie kann der vertrauenswürdige Mann darauf reagieren?

Durch zwei Schritte:
Erstens dadurch, dass er ihr verstehbar macht, dass er nicht für das verantwortlich ist, was ihr eventuell durch andere Männer widerfahren ist. Er lässt es nicht zu, dass sie ihn in seiner Integrität entwürdigt.

Zweitens: Er tut etwas Großes: Er übernimmt dann doch die Verantwortung für die Taten seines maskulinen Kollektivs. Und auch die Frau übernimmt Verantwortung für die alten Machtspiele ihrer Mütter und Urgroßmütter. Und das ist das Heilsamste in der Versöhnung von Frauen und Männern: Wenn sie Verantwortung für die übernehmen, die keine Verantwortung übernehmen konnten – weil sie zu unbewusst waren.

Verantwortung übernehmen bedeutet hier also einfach: Bewusstsein.

Und das ist dann das schönste Geschenk des Weiblichen und des Männlichen an die Menschheit: Nicht vor der Geschlechtlichkeit zu flüchten, sondern sich an dieser verwundeten Stelle zu versöhnen. Zur eigenen Freude und zum Wohle das Ganzen.

*

Sie sind oft leicht gesagt, diese drei Worte, und man glaubt sich auf dem Grund aller Gründe angekommen, wenn man sie jemandem ins Gesicht sagt: „Ich liebe Dich".

Aber wenn Du wissen willst, ob Du dieses großen Worte wirklich so meinst, wie sie gemeint sind, dann musst Du viel mehr wagen und drei andere Worte sagen: „Ich vertraue Dir".

Darin liegt so viel mehr Power, aber auch Brisanz. Dieses „blinde Vertrauen" öffnet die „inneren Augen" für die wahre Liebe. Alle Geheimnisse des Lebens liegen dort verborgen und warten auf Dich.

*

Schüler:
Lieber Sebastian,

Du schreibst:
„[…] der spirituelle Mann erschafft die spirituelle Frau mit, in dem er ihre Liebesfähigkeit spürt. Wenn ein Mann einer Frau seine tiefe Bewusstheit und Präsenz spüren lässt, wird sie dies als ein liebevolles Kommando fühlen, ihre Göttlichkeit darzubieten – weil sie ihm vertraut."

Ich muss sagen, dass ich dies zwar „verstehe", jedoch nicht wirklich erfassen oder erspüren kann.
Ich muss auch sagen, dass ich außer in Bezug auf Sexualität nichts oder nur sehr wenig mit einer Frau anfangen kann.
Bislang habe ich mir darüber wenig Gedanken gemacht, aber ich merke schon, dass ich überhaupt nicht weiß, wie ich in Beziehung zu einer Frau treten soll. Oder ob ich überhaupt eine Frau „suchen" sollte, da wie gesagt, außer der Sexualität wenig Bedürfnis da ist.

Sebastian:
Ihr repräsentiert Männer, die sich gerade so aus der Falle der Bedürftigkeit befreit haben, aber noch nicht im Befruchtungs-/Gebe-Modus angekommen sind.

Ihr seid immer noch in der „was-bringt-es-mir-Falle", anstatt den starken Menschen zu repräsentieren, der ein Gebender ist. Andrew Cohen: „Zu erwachen bedeutet ein Gebender zu werden."

Es geht nicht darum, bei der Entwicklung „zu helfen".
Es geht darum die Frau körperlich, seelisch und geistig so zu öffnen, dass Gottesanwesenheit erreicht wird. Und sie wird das nur erlauben, wenn Du Gottesgegenwart repräsentierst.

*

Natürlich kann man prinzipiell mit jeder Frau zusammen sein. Liebe ist Entscheidung. Das „Verlieben" ist eine Folge der Entscheidung.

*

Bitte streicht ganz dringend jede Vorstellung von „Entwicklungshilfe" für die Frau!!

*

Wer an Frauen nur sexuell interessiert ist, zeigt zwei Dinge:
1. Interesse ist da.
2. Das Interesse ist im Wurzelchakra gefangen. Die anderen Chakren müssen noch geöffnet werden.

*

„Frauen" und „die Welt" solltet ihr als Synonyme benutzen. Es geht immer um erobern, aufschließen, eindringen, unnachgiebige und stabile Präsenz, befruchten, beschützen, frei von Anhaftung sein.

*

Was ist der Unterschied, zwischen einem emotionalen Drama und ehrlichen Gefühlen?

Im emotionalen Drama beziehst Du alles auf Dich – und bleibst in Dir stecken. Bei ehrlichen Gefühlen, gehst Du von Dir aus – und in die Begegnung hinein.

Wenn Männer im emotionalen Drama stecken,

werden sie oft zu schlechten Karikaturen des Weiblichen: verweichlicht, weinerlich, überemotional und irgendwie immer Opfer.

Wenn Frauen im emotionalen Stress stecken, werden sie mit den Jahren oft wie schlechte Karikaturen des Männlichen: verhärtet, verkantet, überintellektualisiert und rationell kampfbereit.

Wenn es uns gelingt, erwachsen aus unseren ehrlichen Gefühlen heraus zu sprechen, dann zeigen wir uns als weiche, fließende und berührbare Frau und als aufrichtiger, beharrlicher und sanfter Mann. Einfach pur. Sehr menschlich und erwachsen.

*

Viel zu oft wird die neue und vollkommen berechtigte Würdigung des Weiblichen mit einer Herabsetzung des Männlichen bezahlt. Das ist zwar auch verständlich, aber doch dumm. Denn am Ende leiden Frauen am meisten unter den so geschwächten Männern.

Wir können jedoch allmählich verstehen, dass ein Mann sensibel sein kann, ohne ein Sensibelchen sein zu müssen. Wir dürfen lernen, dass die

Friedfertigkeit, der Sanftmut und das weite Herz eines Mannes kein Ersatz für maskuline Stärke, Kraft, männliche Dynamik und Explosivität ist. Das alles ist vielmehr die Folge eines Männerlebens im Einklang mit den maskulinen Energien.

Die Freiheit, die ein Mann ausstrahlt, ist nicht die Freiheit des Egos, welches der Frau immer wieder Gewalt angetan hat. Es ist die Freiheit vom Ego, in die sich das Wunder des Weiblichen in Sicherheit entspannen kann.

Und so finden authentische Frauen & Männer sich nur zu einer neuen Menschheit zusammen, wenn es in dem von **Lisette Thooft** genannten Sinne geschieht:

„Ich bin überzeugt, dass es viel mehr wundervolle Männer gibt, als Frauen gemeinsam glauben. Wir Frauen haben die Neigung, ein bisschen auf Männer hinabzublicken. Aber wenn wir uns vorstellen, dass unser `Höheres Selbst` oder unser `Engel` dem `Höheren Selbst` oder dem `Engel` unseren Männern begegnet, dann verstehen wir sofort, dass wir uns nur verneigen können, in tiefem gegenseitigen Respekt."

Denn letztlich ist es ein Verneigen dem ein

Menschenherzen gegenüber, welches Feminines und Maskulines in sich vereinen und fruchtbar machen will – zum Wohle des Ganzen.

*

Wenn Du eine feminine Seele verstehen willst, dann musst Du lernen, die vollkommene Wahrheit des gegenwärtigen Augenblicks zu erkennen.

Wenn der maskuline Teil unserer Seele spricht, dann meint er, was er sagt. Und zwar genau so, wie er es sagt. Was er heute sagt, gilt auch noch morgen. Ein Mann – ein Wort. Worte sind für das Maskuline Träger von Informationen. Sie stehen aufrecht und geradlinig da und sind im guten Sinne berechenbar. Darin liegt ein großer Segen – ein gewichtiger Teil unserer Welt ist darauf gebaut.

Die Worte des Femininen tragen Emotionen und bewegen sich auf den Wellen der Seele. Es sind eher Wolkenformationen als Sachinformationen. Und wie Wolken können sie jetzt so und gleich wieder anders und im übernächsten Moment verschwunden sein.

Jetzt scheint die Sonne. Und am Abend könnte ein Gewitter kommen – oder auch nicht. Lügen die Wolken, weil sie sich bewegen, verdichten, auflösen? „Es gibt keine lineare Kausalkette, die zum Kern des ′Problems′ führt. Es gibt kein Problem, nur einen Sturm, eine Brise, einen plötzlichen Wetterumschwung." (David Deida).

Wenn Du jemand bist, dessen Seele einen femininen Schwerpunkt hat (wir nennen solche Menschen für gewöhnlich „Frau"), dann sorge Dich nicht um dieses Seelenwetter – aber bitte: Mache auch niemand anderes dafür verantwortlich. Lass Dir nicht vorwerfen, Du seist unlogisch oder chaotisch – aber bitte: Verleugne selber auch nicht Deine intuitive Lebendigkeit, die Dich so außerordentlich schön und groß macht.

Wenn Du also eine Frau bist, wirst Du jetzt wahrscheinlich fühlen können, dass Du immer und in jedem Moment bereit und fähig bist, auf eine göttliche Weise zu lieben und geliebt zu werden.

Oft sagen wir dann: Gilt das nicht auch für den Mann? Nun, natürlich. Auch der Mann hat einen weiblichen Seelenanteil. Doch wir vergessen dabei auf sträfliche Weise unsere sonst so gepflegte, ganzheitliche Sichtweise: Nämlich den Körper.

Der weibliche Körper strahlt etwas sehr Spezifisches aus, was der Mann in dieser Weise auch in der Seele, aber nicht mit dem ganzen Körper fühlen kann: Die tiefe Sehnsucht und Bereitschaft, von der strahlenden und fordernden Liebeskraft durchdrungen und geöffnet zu werden. So wie die Gewitterwolke von der Präsenz eines klaren Sonnenstrahls durchdrungen wird und aller Widerstand abregnet oder schmilzt.

Ich wünsche allen Frauen und Männern, dass sie die wilde Kraft und das sanfte Liebkosen ihrer Männlichkeit & Weiblichkeit authentisch leben können – zum Wohle aller. Denn so entdecken wir in gemeinsamer Lust, was gerade durch die Unterschiede so schön zur Erscheinung kommt: Das Ewige. Den Menschen.

Oh – dieser Moment, wenn Euer intimer „Big Bang" als eine ungetrennte Fortsetzung des kosmischen „Big Bang" erscheint und brennend die Frage aufleuchtet: Warum sind wir gekommen?

*

Gott kann Dich dort berühren, wo Dich nie ein Mann und nie eine Frau je berührt haben. Doch dieser sakrale Punkt – die unberührte Stelle tief in Dir – sie ist von einer Mauer umgeben. Und jetzt kommt etwas schwer Verständliches: Nur wenn Du einer Frau oder einem Mann erlaubst, die Mauer zu öffnen, kannst Du Gott diesen letzten Punkt darbieten – die sakrale und unberührte Stelle. Gott kann Dich dort berühren, wo Dich nie ein Mann und nie eine Frau je berührt haben. Aber dieser geheimnisvolle Punkt wird regelrecht erst erzeugt durch Deine Hingabe an einen Menschen. Das ist das Allerseltsamste.

*

Freiheit ist vor allem Freiheit von sich selbst.

Manchmal sagt man, dass jemand auf eine Frau fixiert sei, auf Geld, Sex, Essen oder auch auf **Facebook.**

Aber niemand war jemals auf eine Frau, auf Sex, Geld, Essen oder Facebook fixiert – sondern immer auf sich selbst. Wer sich von etwas anderem befreien will, als von sich selbst, wird die Freiheit nie erlangen.

Wer diese Freiheit von sich selbst jedoch erlangt, wird zu etwas Außerordentlichem fähig sein: zu echter, zu handfester Verbundenheit. Und diese Verbundenheit beruht immer auf Verbindlichkeit.

Den Freiheitsgrad eines Menschen kann man auch am Grad seiner Fähigkeit zur Verbindlichkeit ablesen.

*

Stell Dir einen Mann vor, der sehr tief in seiner Meditation versunken ist. Er ist innig im Gebet. Ganz alleine mit Gott. In der Stille. Sein Herz hat sich als ein Ozean der Leerheit geöffnet.

Und dann stell Dir vor: Seine Frau kommt zu ihm. Gerade noch ruhte er im unendlichen Frieden – naja – und jetzt kommt seine Frau zu ihm.

Nun, sie stellt sich vor ihn, er öffnet seine Augen, er blickt sie an und was er nun mit geöffneten Augen erblickt, ist exakt dasselbe, was er mit geschlossenen Augen fühlt.

Verstehst Du das?

Dieser Mann muss nicht von Meditation auf Ehe umschalten. Denn er sieht eine Frau vor sich, die verkörpert, was er sonst nur mit Gott in der Stille erlebt.

Ihr Gesicht ist die Lieblichkeit des Friedens. Ihre Lippen sind die Süße der Leerheit, ihre Erregung ist die offene Weite, ihre Schönheit ist der Himmelsraum und ihre Pupille ist der Mond. Und weil sie so pur, zart, liebevoll und von so erschütternder Güte ist, entsteht aus seiner Leerheit eine strahlende Liebe, die sich auf diese Frau richtet.

Sie ist intensiv und persönlich und nur auf diese Frau gerichtet und bleibt gleichzeitig eine Welle, die sich aus dem Ozean der unpersönlichen Unendlichkeit erhebt.
Und dieser Mann will immer für diese Frau da sein, sie tragen und schützen. Er kann weiter in der Tiefe & Freiheit des stillen Ozeans ruhen und sich gleichzeitig mit ihr als wuchtige Welle erheben, welche die Kraft und die Erregung des ganzen Meeres in sich trägt.

Stell Dir so einen Mann vor – er muss sehr, sehr, glücklich sein.

Gott ist Liebe.

*

Eine kurze Nachricht an die Männer: Wenn Du
Deine Frau mal wieder nicht verstehst, dann
versuche sie nicht noch besser zu analysieren.
Liebe sie tiefer. Höre nicht auf damit und
verleugne dabei nie Deine Natur: Stay free!

*

Ich bitte Dich, mein Freund, lebe nicht länger in
Deinen Erklärungen. Lebe Deine tiefste Wahrheit.
Höre auf in Erklärungen über Dein Leben zu
leben. Mach Dir nichts vor, bitte.

Sobald Du anfängst Dich zu erklären, bist Du
nicht mehr Du selbst. Rechtfertigungen und
Erklärungen schleudern Dich zurück in den
„kleinen Jungen".

Wenn die Frau Dir sagt, dass Du nicht ganz da
bist, dann fühlt sie, was auch ich Dir sage: Dass
Du Dich für eine Lebensweise entschieden hast,
die hinter Deine tiefsten Gaben zurückfällt.

Noch etwas: Du kannst das Leben nicht
kontrollieren, aber Du kannst die volle

Verantwortung für das übernehmen, was innerhalb einer Armlänge um Dich herum passiert. Dann bist Du immer der Boss. Der Boss ist der Typ, der die Verantwortung übernimmt, damit sich alle anderen Herzen entspannen können. Der Boss ist bedingungslose Liebe.

*

Das Lustige ist: Jemand, der sich selbst liebt und dann erwacht, wird etwas sehen: Dieses Selbst gibt es gar nicht.

Liebe passiert und da ist kein Selbst. Selbstliebe existiert geistig gesehen nicht – sie hat keine geistige Wirklichkeit.

Selbstliebe ist eine Krücke. Wenn wir erwachen, bricht diese Krücke weg – und Liebe bleibt.

*

Lieber Mann. Du hast ein Recht darauf, dass Deine Frau Dich täglich an Dein Versprechen erinnert. Dieses Versprechen ist in seiner Einfachheit kaum zu überbieten. So oder so ähnlich haben wir Männer es unserer Seele versprochen: „Ich verspreche jetzt und hier auf dieser Erde zu sein, an diesem Tag, mit dieser Frau. So, wie sie jetzt ist."

Du hast ein Recht darauf, Mann, dass Deine Frau Dich an Dein Versprechen erinnert, dass es nämlich egal ist, wie gut, liebevoll und präsent Du gestern warst und wie gleichgültig es ist, was Du Dir für morgen vornimmst. Was alleine zählt, ist die Antwort auf die Frage:

„Bist Du jetzt wirklich da? Bist Du jetzt bereit, mich – Deine Frau – genauso anzunehmen, wie ich jetzt bin. Liebst Du mich jetzt? Bist Du unserer Liebe treu?"

Du hast ein Recht darauf, Mann, dass es Dir mal jemand sagt: Diese ganzen (manchmal nervigen) Prüfungsfragen der Frauen, sie gehen Dir so nahe (bis unter die Haut und auf die Nerven), weil sie Dich an Dein tiefstes Versprechen erinnern. Und so fragt die Frau eigentliche diese Frage:

„Bist Du Dir selber treu, Mann? Fühlst Du noch den demütigen Stolz in Deiner Brust, weil Du erfolgreich Dein Versprechen hältst und Deiner Mission treu bist? Nicht dieser alberne Stolz der Angeber. Aber auch nicht die falsche

Bescheidenheit der Duckmäuser. Nein – ein Stolz frei von jeglicher Arroganz, von Demut, durchdrungen und gehalten von einer unerschütterlichen Hingabe an eine Liebe, die unermesslich größer ist als Du selbst. Kannst Du die Treue dazu fühlen, die sich darin zeigt, wie Du auf der Erde und mit mir lebst."

Wenn ich die Sache richtig sehe, dann wage ich zu sagen: Das meint eine Frau, wenn sie uns Männer fragt: „Bist Du mir treu?"

*

Was Euch als Paar zusammen hält, ist nicht Eure Beziehung, das, was ihr zu zweit macht, sondern das, was ihr für die Welt und in der Welt tut.

*

Guten Morgen, Mann! Wenn Du Dich für eine erwachte Lebensweise entscheiden würdest, würdest Du mit Deiner Frau noch diskutieren, ob Dein Verhalten richtig oder falsch ist?

Oder würdest Du ganz einfach ihren Körper ansehen, dass er sich durch Deine Liebe und durch Deine Aufrichtigkeit öffnet?

Ich habe einen Tipp für Dich, Mann: Kümmere Dich nicht darum, wie Du bei oder in der Frau „landen" kannst.

Sei der Friede in ihrem Herzen und schau, was passiert. Oh – dieses Aufblühen...

*

„Dieser sich neu entwickelnde Mann ist kein ängstlicher Maulheld, der sich wie King Kong in Pose wirft, als befehlige er das Universum.

Er ist auch kein New-Age-Softie, der ohne Rückgrat, ständig lächelnd, mit verklärtem Blick um sich schaut.

Er hat seine maskuline und seine feminine Seite angenommen, aber bevorzugt keine von beiden. Er muss nicht immer recht haben, aber auch nicht immer berechenbar, kooperativ und mitteilsam sein wie ein androgyner lieber Junge.

Er lebt aus dem tiefsten Kern seines Wesens, teilt furchtlos seine Gaben mit anderen, fühlt durch den verstreichenden Augenblick hindurch in die Offenheit der Existenz hinein und verpflichtet sich voll und ganz der Erweiterung der Liebe."

David Deida

*

Wenn wir Beziehungen – auch die sexuellen und romantischen Beziehungen – aus einer evolutionären Perspektive betrachten, dann nehmen wir eine Perspektive auf unser Leben ein, die alles in einem anderen Licht erscheinen lässt. In einem Licht, welches unserem Herzen viel Kraft & Mut gibt. Was ist eine „evolutionäre Beziehung"?

Eine evolutionäre Beziehung ist eine Beziehung, in der sich die Menschen bewusst sind, dass sie Teil eines kosmischen Prozesses sind.

Eine evolutionäre Beziehung ist eine Beziehung, in der wir unseren kleinen und großen narzisstischen Verwirrungen weniger Bedeutung beimessen als dem großen evolutionären Liebesimpuls, der sich durch uns realisieren will.

Menschen in evolutionären Beziehungen fühlen: Der kosmische Prozess ist nichts außerhalb von ihnen. Der Kosmos entwickelt sich förmlich aus ihnen heraus – und somit aus ihrer Beziehung.

Das Gesicht der zukünftigen Beziehungen aller Wesen mit allen Wesen wird die Wesenszüge Deiner heutigen Beziehung haben – auch die Züge Deiner romantisch-sexuellen Beziehung. Eine private Beziehung ist so gesehen ein höchst öffentliches Ereignis.

Life is a public event.

Die Evolution ist weder statisch, noch ist ihre Richtung willkürlich.

Aber in welche Richtung bewegt sich diese kosmische Evolution? Wohin geht die Reise der Menschheit?

Nun – die Antwort ist einfach: Die Evolution, der kosmische Prozess, die Biografie des Universums, die Entwicklung der Menschheit – sie gehen in die Richtung, in die wir Menschen gehen.

Wenn wir das nicht nur auf einer intellektuellen Ebene diskutieren, sondern zutiefst fühlen können, wenn es uns im ganzen Körper bewusst wird, dann erkennen und verstehen wir den existenziellen Sinn unserer Beziehungen:

Hier entwickelt sich die intime Keimzelle des Kosmos. Hier übernehmen Menschen mutig Verantwortung für die Evolution selbst.

Und wenn wir uns nicht von der Natur, den Tieren, Pflanzen, der Erde, den Sternen und allen lebendigen Wesen abkoppeln, sondern in tiefer Verbundenheit mit der Geschichte des Universums leben, dann nehmen wir auf sehr klare Weise wahr, dass dieser evolutionäre Prozess uns nicht nur hervorgebracht hat, sondern bereits Milliarden Jahre vor uns Menschen eine Richtung hatte.

Es ist nicht schwer, diese Richtung zu erkennen: Es ist eine Vertikale und sie verläuft vom Bekannten in das Unbekannte. Vom Unbewussten zum Bewussten.

(Wenn Du diese Zeilen eher gelangweilt liest, dann wird Dir die Langeweile schnell vergehen, wenn Du Dir vorstellst, dass Deine romantisch-sexuelle Beziehung genau dann eine evolutionäre Beziehung ist, wenn sie sich vom Bekannten zum Unbekannten entwickelt. Aus der Sicherheit in die Unsicherheit. Aus der gemütlichen Komfortzone

zu einem Ort der Herausforderung – das könnte
der Geschmack einer evolutionären Beziehung
sein. Langweilig ist das sicher nicht – aber eine
enorme Herausforderung und letztlich
wunderschön.)

Damit Du dieses Abenteuer einer evolutionären
Beziehung gesund und auch glücklich & mit
Freude erlebst, biete ich Dir drei
richtungsweisende Qualitätsmerkmale an.

Sie unterstützen Dich dabei herauszufinden, ob
sich Deine Beziehung – und somit der
evolutionäre Liebesimpuls – in eine göttliche
Richtung entwickelt. Wenn etwas davon fehlt,
dann läuft auch etwas schief.

Prüfe es selber. Es sind jeweils Qualitäts-Paare:

**Erstes Qualitäts-Paar: Zunehmende
Komplexität bei gleichzeitig wachsender
Bewusstheit.**

Das bedeutet, dass Beziehungen zwar vielfältiger
und komplexer werden. Und es bedeutet zwar
auch, dass immer weniger Menschen nach alten
Mustern & Traditionen leben und neue
Beziehungsformen erschaffen, aber es bedeutet
gerade nicht, dass alles komplizierter, verworrener
oder relativistischer wird und zu einer „ist-doch-

eh-alles-irgendwie-ok-und-somit-auch-egal-anything-goes"-Haltung führt. Weil mit der Komplexität auch die Bewusstheit wächst, wird letztlich alles einfacher – in seiner zunehmenden komplexen Welt.

Zweites Qualitäts-Paar: Zunehmende Wahrhaftigkeit & Klarheit bei gleichzeitig wachsender Zärtlichkeit & Barmherzigkeit.

In einer evolutionären Beziehung ist alles dem Licht der Wahrhaftigkeit & Klarheit ausgesetzt. Weder Manipulation noch Fixierung noch ängstliches Klammern noch bedürftiges Saugen noch gegenseitige Projektionen noch Streiten und Leiden können im Licht der Wahrhaftigkeit & Klarheit überleben – sie verschwinden einfach.

Und genau die *Art des Verschwindens* ist mit Zärtlichkeit & Barmherzigkeit verknüpft. Achtet darauf, dass das Licht der Wahrhaftigkeit & Klarheit nicht grell ist – selbst wenn es schneidet. Lasst immer auch die Wärme des Herzens durch die Transformation scheinen: Zärtlichkeit & Barmherzigkeit.

Seid unbestechlich – und milde. Steht in der Wahrheit – und bleibt berührbar. Schaut allen Schatten, ohne mit der Wimper zu zucken, in die

Augen, vermeidet nichts – und bleibt im Licht der Menschlichkeit.

Drittes Qualitäts-Paar: Zunehmende Befreiung bei gleichzeitig wachsender Verbundenheit.

Befreiung bedeutet vor allem Befreiung von sich selbst – von unseren eigenen Ängsten, Fixierungen & Vorstellungen. Wenn Dir das gelingt, dann kannst Du mit dem Menschen an Deiner Seite in eine immer tiefer werdende Verbundenheit eintreten.

Befreiung ist also nicht die Befreiung von einem anderen Menschen. Nicht die Befreiung von dem, was uns nicht passt, sondern im Gegenteil: die Befreiung von uns selbst, von unserem eigenen Narzissmus – bei gleichzeitiger Verbundenheit mit den Mitmenschen.

Du wirst sehr schnell merken, dass alle Versuche, mit Deinem Partner in eine intimere Verbundenheit zu gelangen, scheitern, wenn Du Dich nicht gleichzeitig selbst befreist – von allem, was Dich daran hindert...nun ja: Wirklich, wirklich frei zu sein – für Verbundenheit.

Es ist nicht möglich, glücklich zu sein, wenn wir uns auf weniger beziehen als auf Gott selbst –

Gott: Das reine, liebende Bewusstsein unseres eigenen Herzens.

Unser eigenes Herz: Der Pulsschlag des Universums.

Die nervigen Verwirrungen & kraftraubenden Kleinkriege unserer Beziehungen enden im Angesicht des Göttlichen. Und genau von dort aus werden unsere Beziehungen auch das, was sie sein wollen: Die kleinste Keimzelle für den größten Wandel der Menschheit.

Dieses Glück geht nicht an Dir vorbei – es erfasst Dich (und das fühlt sich vielleicht zunächst alles andere als „glücklich" an) und geht über Dich hinaus, in die Unendlichkeit des Kosmos: Die intimste Stelle Deines Selbst.

Wenn Du wirklich an einer evolutionären Beziehung interessiert bist, dann werde ich alles dafür tun, dass Du sie auch leben kannst.

Zum Wohle aller Wesen – in der perfektest möglichen Weise.

*

Was wirklich wichtig ist für Dich zu verstehen, bevor Du mich um Unterstützung für Dein Leben bittest:

Ich diene Gott – nicht einer Person und ihren fragwürdigen Motiven.
Wenn Du zum Beispiel Probleme in Deiner Beziehung hast, frag mich nicht nach einer Lösung für Deine Beziehung. Frag mich stattdessen, wie es Dir gelingen kann den ganzen Kosmos in Eure Beziehung einzuladen. Einfach aus dem Grund, weil ihr etwas Herausragendes tun wollt, um Euch dem Weltenganzen als Paar darzubieten.

Du wirst erleben, wie Dein Leben wahrhaft aufblüht, wenn Du den gefesselten Blick von Dir abwendest und zum Göttlichen aufblickst.

Ich kann Dir zeigen, wie das geht.
Schnörkellos & liebevoll.

*

Hallo Männer! Ihr ahnt vielleicht gar nicht, wie viel Liebe und Fülle Eure Frauen Euch schenken würden, wenn Ihr Freiheit und Leerheit repräsentieren würdet.

*

„Die Spiritualität der Gegenwart ist getragen von femininer Energie – von einem Eintauchen in den Ozean der Gefühle, von einem sich-fließen-Lassen, sich-berühren-Lassen.

Der spirituelle Mann läuft daher in Gefahr, sich unbewusst seiner maskulinen Kraft zu berauben, indem er zu viel feminine Energie in sich aufnimmt.

Anstatt also nun der Welt und der Frau zu dienen und seine Kräfte unermüdlich in die Dienste des Guten und Wahren zu stellen – er also keine Auseinandersetzung scheut, um seine hohen Ideale in die Welt zu bringen – verliert er sich in der selbstverliebten Trance des weichen Mannes.

Anstatt also der Welt Klarheit zu schenken, verliert er sich in der Unklarheit seiner Gefühle.

Anstatt also im reinen Bewusstsein zu ruhen und so zu einem Anker der Rastlosen zu werden, lässt er es zu, dass auch sein Geist umherstreut, im Wind der Vergänglichkeit.

Es ist wunderbar, wie wir Männer heute unsere Gefühle erspüren und unser Herz öffnen und wir uns berühren lassen. Doch lasst uns wachsam sein: Lasst uns nicht verloren gehen in der Welt der Beziehungen. Lasst uns unsere Mission klar formulieren und durchsetzen – zum Wohle aller Wesen!"

Joachim Wetzky

*

Die Wahrscheinlichkeit, dass Du die Liebe Deines Lebens triffst und mit ihr ein erfülltes und befreites Leben führst, ist sehr, sehr, sehr gering...

Es ist total und über alle Maßen unwahrscheinlich, dass Du dieses Liebesleben erwacht führen wirst – sehr, sehr unwahrscheinlich...

Aber wenn es in der Liebe ist, passieren sehr, sehr, sehr unwahrscheinliche Dinge!

*

Es gibt weder Vorfreude noch Vorspiel noch Nachspiel noch schöne Erinnerungen – das sind bloß tote Phantasien, die Probleme verursachen.

Egal, was Du gerade tust – ob es Beten, Essen, Wandern, Sex, Reden oder Lauschen ist – tue es als Ausdruck von Liebe, jetzt.

Dann kannst Du die Tätigkeit auch unterbrechen und setzt dennoch das Kontinuum der Liebe fort. Von Moment zu Moment. Das stabile Kontinuum der Liebe ist der Schlüssel zum Glück.

Beten, Essen, Wandern, Sex, Reden, Lauschen oder solche Dinge – das alles ist doch bloß ein einziger und kontinuierlicher Liebesakt.

Schau: Das, was gerade geschieht, ist ganz einfach Liebe, jetzt.

Auch dies.

*

„Alles ist mit allem verbunden".
Das sagt man doch so, nicht wahr?

Und dabei schaut man auf die Objekte, die verbunden sind.

Aber das eigentliche Wunder der Verbundenheit ist zwischen den Dingen – das eigentliche Mysterium ist jene unsichtbare Anziehungskraft, die Dich und mich in genau diesem Moment zusammengeführt hat und immer noch zusammenhält. Auch jetzt noch.

Das, was alles – auch Dich und mich – verbindet, das nennen wir Liebe.

Ja: Alles ist mit allem durch diesen kosmischen Verbundstoff in Resonanz.

Auf der einen Seite ist das bereits etwas erstaunlich Schönes. Auf der anderen Seite wird Verbundenheit im Alltag nur durch eine einzige Sache zu einem authentischen Band der Liebe:

Durch Verbindlichkeit.

Verbindlichkeit ist jene menschliche Fähigkeit, die dann ausgespielt werden kann, wenn wir nicht nur abgehoben von Verbundenheit schwärmen, sondern der Liebe erlauben, bodenständig und fruchtbar zu werden.

Diese Form der Liebe ist übrigens nichts für Menschen, die ständig um ihre Freiheit streiten müssen.

Diese Form der Liebe ist etwas für diejenigen, die Freiheit repräsentieren.

*

Wenn Du dieses krasse Gefühl hast, dass Du super bewusst bist, Du aber gleichzeitig nie stabile Partnerschaften hast, dann täuscht Dich Dein Gefühl.

*

Liebe ist ein strömendes Durchqueren, eine Reise. Wir sind so geschaffen, dass uns alle Blüten und alle Tiere und selbst der erdige Boden bis ins Innerste berühren & bewegen können.

Wir sind geschaffen, um uns lieben zu lassen, wenn wir lieben.

Nicht die Frau liebt den Mann oder der Mann die Frau. Sie werden beide geliebt.

Du wirst strömend durchquert – von der Liebe.

*

Das Maß der Angst mag groß sein.
Aber die Liebe ist maßlos.

Über Sebastian Gronbach

Der evolutionäre Guru Sebastian Gronbach lebt mit seiner Familie, vier Hunden und einigen seiner spirituellen Schüler bei Bonn im Anahata Ashram. Seine „Evolutionäre Spiritualität" integriert die traditionelle Mystik der Leerheit und Stille und geht weit darüber hinaus. Er lehrt auf radikale, einfache Weise, dass Gott nicht nur Sein, sondern auch Werden ist. Wir sind der Impuls, der sich durch eine gigantische Explosion seit 14 Milliarden Jahren ausbreitet und transzendiert. Diese evolutionäre Entwicklung besitzt eine klare vertikale Ausrichtung zu mehr Bewusstsein, mehr Freiheit und mehr Mitgefühl. Gott entwickelt sich durch uns. Gott ist von uns abhängig.
Sebastians Leben ist ein leuchtendes Beispiel dafür, dass spirituelles Erwachen und leidenschaftliche Nächstenliebe Hand in Hand gehen.
Mehr Bewusstsein gleich mehr Verantwortung.

www.anahata-akademie.de